tudo é história
121

Jean Baptiste Nardi

O FUMO NO BRASIL-COLÔNIA

editora brasiliense

Copyright © by Jean Baptiste Nardi

*Nenhuma parte desta publicação pode ser gravada,
armazenada em sistemas eletrônicos, fotocopiada,
reproduzida por meios mecânicos ou outros quaisquer
sem autorização prévia do editor.*

2ª reimpressão, 2011

Revisão: Carmen T. S. Costa, Mário R. Q. Moraes
Diagramação: Formato Editoração
Capa e ilustrações: Samuel Ribeiro Jr.

editora brasiliense ltda.
*Rua Mourato Coelho, 111 – Pinheiros
CEP 05417-010 – São Paulo – SP
www.editorabrasiliense.com.br*

Sumário

Cultura e manufatura do fumo 7
Grandeza e deficiência de uma administração 14
Um gênero muito entravado (1570-1774) 29
O escambo: uma forma de autonomia 51
O sopro da independência (1774-1830) 63
Conclusão 73
Indicações para leitura 75

CULTURA E MANUFATURA DO FUMO

O fumo foi descoberto pela expedição de Cristóvão Colombo, em 1492, na ilha de Cuba. Seu rápido e crescente consumo na Europa foi, sem dúvida, a principal causa do início de sua cultura nas colônias americanas. No Brasil, outro motivo foi a deterioração das relações entre os colonos e os índios.

Desde os primeiros anos da colonização, os portugueses se preocuparam mais com o comércio do pau-brasil do que em estabelecer núcleos de povoamento. Eram então os índios que forneciam os mantimentos necessários aos colonos. Estes os obtinham com a troca de mercadorias europeias de pouco valor: anzóis, pentes, espelhos, ferramentas, etc. Porém, quando a presença portuguesa se fixou, com a criação de capitanias e do primeiro governo-geral, e se começou a tentativa de escravização dos índios para desenvolver a cultura da cana-de-açúcar, as relações de troca entre ambas as comunidades não conseguiram se manter por muito tempo. As guerras ocorridas a partir da segunda metade do século XVI, e sobretudo na década de 60, obrigaram os colonos a abandonar o sistema de trocas com os nativos e a iniciar a cultura dos gêneros alimentícios de que precisavam, isto é, por volta de 1570.

A aquisição do fumo pelos colonos seguiu o mesmo processo, e seu cultivo começou, portanto, na mesma época.

Não se tratava, porém, de uma cultura importante. O fumo era cultivado nas hortas ou quintais, ao lado das cenouras, berinjelas, pepinos, melancias, abóboras e demais gêneros, como descreveu o autor dos *Diálogos das grandezas do Brasil.*

Depois, quando o fumo começou a ter um certo vulto comercial, sua cultura passou para a roça, ao lado da mandioca e, mais tarde, do milho e do feijão.

Os primeiros consumidores do fumo no Brasil foram os que pertenciam às camadas mais baixas da sociedade: marinheiros, soldados, colonos mais pobres e mamelucos. Quando começou a introdução de negros, estes se tornaram grandes apreciadores.

Foi somente no decorrer do século XVII que as demais classes adquiriram o gosto de fumar: mercadores, senhores de engenho, funcionários; mas, muitas vezes, estes preferiam o fumo em pó.

O fortalecimento da colonização, o consumo interno crescente e o progresso do comércio com a Europa permitiram o desenvolvimento da cultura do fumo. Esta começou e progrediu nas áreas onde os núcleos eram mais sólidos: Recôncavo Baiano, Sergipe do Conde e litoral pernambucano do rio São Francisco até Olinda, sendo a parte mais famosa a "das Alagoas".

Principiou-se, também, em outros lugares situados no Maranhão, no litoral centro-sul; mas a cultura raramente conseguiu ultrapassar o nível de subsistência, visto que a colonização dessas regiões foi mais lenta, e porque não houve uma estrutura suficiente para permitir seu comércio.

Em Pernambuco, o fumo foi prejudicado pela ocupação holandesa. Os invasores fizeram um certo comércio do produto, mas a desestabilização da capitania deu uma importante vantagem à Bahia, que se tomou durante esses anos a maior região de produção. E Pernambuco nunca mais conseguiu se recuperar do seu atraso com relação à Bahia.

No início, os colonos não conheciam nenhum método para cultivar o fumo e, por este motivo, adotaram, como para outros gêneros, a técnica dos índios: derrubada, queimada, etc. Mas, com a experiência, a cultura se aperfeiçoou. Assim, a introdução de gado no Brasil levou os lavradores a utilizar seu esterco como adubo desde o início do século XVII. O conhecimento tecnológico dos europeus também permitiu a criação de máquinas para a fabricação dos rolos.

Os lavradores de fumo não constituíam uma classe particular da sociedade colonial. Distinguiam- se três categorias de produtores.

A primeira se compunha dos pequenos colonos, moradores ou arrendatários, que produziam também os gêneros alimentícios, Para produzir fumo não se precisava de capital, a planta crescia naturalmente. Por este motivo, a cultura era facilmente acessível aos pequenos produtores. A família era a base da unidade de produção. Todos, homens, mulheres e crianças, participavam do trabalho. Cultivavam uma ou duas tarefas (uma tarefa: 0,436 ha) de fumo e torciam as folhas a mão, sem ajuda de maquinaria. Podiam produzir até cem arrobas por ano de um fumo de baixa qualidade. Muitas vezes, pelo fato de disporem de poucos recursos, entregavam a fabricação dos rolos a pequenos "industriais" chamados de "traficantes". Nesta categoria ainda se encontravam os escravos, que cultivavam para seu próprio consumo os mantimentos e o fumo.

A segunda categoria de lavradores era também composta por pequenos produtores, mas de maior porte que os da categoria precedente. Possuíam, geralmente, algumas cabeças de gado que lhes forneciam o esterco para a adubação das terras. Quando não tinham, emprestavam-nas. Possuíam ainda alguns escravos que trabalhavam com a família na roça e na fabricação dos rolos. Podiam cultivar cerca de duas a dez tarefas e chegar a produzir umas 500 arrobas de fumo ao ano. A maioria vendia o fumo diretamente aos negociantes, porém muitos deles, que moravam em terras de um grande proprietário, senhor de engenho ou fazendeiro criador de gado, entregavam uma parte – e às vezes a totalidade – de sua produção a este.

Esse aspecto da comercialização do fumo enganou alguns historiadores que viram nos lavradores de fumo uma classe de grandes produtores, de tipo latifundiário. Na realidade, não cultivavam diretamente o fumo (a não ser alguma exceção), mas, sim, reuniam a produção de várias famílias de moradores em suas terras, chegando dessa maneira a "produzir" importantes quantidades de fumo. No início do século XVIII, a produção podia alcançar até quatro mil arrobas. Formavam, assim, uma terceira categoria de lavradores de fumo, mas de caráter restrito e particular.

Finalmente, a noção de lavrador de fumo, como classe social, confunde-se com a da segunda categoria: a produção do fumo no período colonial (aliás, como hoje) era, portanto, de tipo familiar e minifundiária.

No início, os produtores dispunham de toda a liberdade para cultivar o fumo, mas, quando este começou a adquirir uma certa importância comercial, as autoridades coloniais impuseram limites à sua cultura, pois ocupava terra e trabalho em detrimento da produção de mantimentos, em particular a da mandioca. Data de 5 de fevereiro de 1639 a primeira ordem a esse respeito. Era editada pela Câmara de Salvador e mandava arrancar o fumo, punindo com dois anos de degredo para Angola e 100 cruzados (moeda antiga equivalente a 400 réis) de multa para quem continuasse a plantá-lo. Tal ordem atingia os lavradores que moravam nos arredores da cidade.

A proibição se explica pelo fato de que se devia tratar em primeiro lugar do sustento dos colonos antes de se poder explorar qualquer gênero colonial.

Ordem similar foi emitida também para Pernambuco. Mas, em 1691, já não eram mais aplicadas essas antigas ordens, e o rei, por carta de 19 de março, proibiu o plantio do fumo e a criação de gado (que servia para adubar a terra) nos arredores da Bahia e à beira-mar. Dez anos mais tarde, o problema ainda não estava solucionado, e a lei de 27 de fevereiro de 1701 obrigou todos os senhores de engenho e outros lavradores a plantar 500 covas de mandioca por escravo possuído.

Esta transferência (parcial) da produção de mantimentos dos pequenos lavradores para os grandes proprietários foi primordial na formação das três categorias de produtores de fumo.

Certos latifundiários entregaram a produção de mandioca aos lavradores da segunda categoria, aproveitando para também comercializar o fumo destes e constituindo-se, dessa maneira, em lavradores de fumo da terceira categoria. Outros deixaram os seus escravos cultivar a mandioca e estes, produzindo também o fumo, acrescentaram-se à primeira categoria. Por fim, os produtores da primeira e segunda categorias, independentes, dispuseram de mais terras para produzir fumo, sendo parcialmente desobrigados da produção de mandioca.

A não ser essas consequências, as leis limitando a produção do fumo tiveram poucos efeitos sobre seu desenvolvimento. O principal obstáculo à cultura do fumo foi a política comercial portuguesa a seu respeito, em particular no que se referia aos preços e à qualidade.

GRANDEZA E DEFICIÊNCIA
DE UMA ADMINISTRAÇÃO

O fumo se distinguiu como produto, durante o período colonial, por sua administração original, extensa e poderosa, cuja criação teve fundamento na crise econômica que atravessou Portugal na segunda metade do século XVII.

Para aumentar as rendas do Estado, foram estabelecidas várias contribuições, dentre as quais, em 1674, a de 500 mil cruzados a cobrar sobre o fumo mediante o pagamento de uma taxa na Alfândega de Lisboa. Simultaneamente, em 14 de julho, criou-se um órgão específico encarregado de vigiar a sua arrecadação correta: a *Junta da Administração do Tabaco*.

Era um tribunal "privativo de qualquer outra jurisdição", isto é, dispondo de todos os poderes para legislar em matérias relativas ao fumo (comércio, administração), assim como julgar os crimes pertencentes a ele (fraudes). Em 1702 se publicava um vasto documento que compilava toda a legislação relativa ao fumo: o *Regimento da Junta da Administração do Tabaco,* com 53 artigos, cinco regimentos anexos com 105 artigos, e uma coletânea de leis.

A Junta da Administração do Tabaco era composta de ministros: um presidente, cinco deputados; de oficiais secundários: um secretário, um tesoureiro e um contador das dívidas; de funcionários: um porteiro e dois contínuos. Todos os ministros e oficiais se reuniam em conselho, ao qual assistiam o conservador e o procurador da Fazenda Real, a título consultivo. As decisões tomadas deviam sempre ser assinadas pelo rei. Tratava de todas as matérias relativas ao fumo, de seu comércio e de sua administração, e também julgava os crimes pertencentes ao fumo.

Cinco superintendentes constituíam a organização judiciária da Junta no reino, estabelecida em 1678. Eram juízes cuja jurisdição era a província. Tratavam dos descaminhos do fumo e dos pagamentos das dívidas. O conservador da corte era outro juiz, que tinha como ocupação principal a busca dos fumos descaminhados nos navios da frota do Brasil.

Nas colônias, a administração foi modelada na do reino. Na Índia se estabeleceu a *Junta da Administração do Estanco Real do Tabaco,* e em Macau nomearam-se administradores.

No Brasil foram estabelecidas duas *Superintendências,* uma na Bahia, e outra em Pernambuco. Eram órgãos de pouca importância, constituídos apenas por um superintendente, assistido de um escrivão. O ministro tinha poucos poderes, sendo simplesmente encarregado "da assistência dos despachos, e boa arrecadação do tabaco" na Alfândega, além de ter um papel consultivo.

Essas atribuições restritas se explicam pelo fato de que o fumo, sendo um gênero brasileiro, era administrado como os demais produtos coloniais pelo governador do Brasil e os capitães-generais. Aliás, o ofício de superintendente do tabaco era atribuído a ministros que já tinham uma ocupação mais importante: o desembargador da Relação na Bahia e o ouvidor em Pernambuco.

Abaixo desses órgãos administrativos se situavam as repartições de recolhimento dos impostos. A mais importante era a *Alfândega do Tabaco* de Lisboa.

Um provedor a dirigia, assistido de dois mestres examinadores, dois escrivães da Receita, o tesoureiro da Junta e seu escrivão. Havia também um juiz da Balança com seu escrivão, feitores, guardas e porteiros, bem como carregadores.

Suas instalações consistiam em dois armazéns: o Grande Armazém e o "Jardim do Tabaco", onde se beneficiava o fumo, isto é, se separavam os fumos bons dos ruins.

Cada deslocamento do fumo dava lugar a um impressionante número de operações fiscais. Ele chegava do Brasil com registros que os mestres entregavam ao provedor. Uma lista de cada navio era estabelecida num outro livro. Na descarga, os feitores tinham que assinar uma guia. O peso do fumo era registrado em três livros: da Balança, da Conferência, e da Receita. O peso era controlado pelo provedor, que calculava os direitos e os inseria no livro da Receita. Uma marca era aposta em cada rolo de fumo que saía para a exportação. Cada saída de fumo era registrada num livro. Além disso, existiam livros de contas internas, tal como o livro de despesas.

O sistema alfandegário que se estabeleceu no Brasil era similar ao da Alfândega do Tabaco de Lisboa. Mas, no caso, não se tratava unicamente de cobrar impostos, mas ainda de controlar a circulação do fumo desde o lavrador até o embarque no navio, para evitar os extravios. Por esse motivo foram publicadas, em 8 de setembro de 1699, instruções sob o título: *Regimento que se há de observar no Brasil na arrecadação do tabaco.*

O fumo era recolhido cm onze armazéns: Cachoeira, Santo Amaro, Maragogipe, Rio Real, Sergipe del Rei, Rio São Francisco, Alagoas e Torre. Depois, uma vez por ano, era transportado para a Bahia em sumacas ou lanchas, sob a responsabilidade dos coronéis, sargentos-mores, capitães e mais oficiais. Aí era armazenado num único trapiche, o do sargento-mor Domingo Pires de Carvalho. Só saíam dele as bolas ou "paos", isto é, simples cordas de fumo para serem enroladas e transformadas em rolo numa casa particular.

Antes de carregar os navios dá frota, o fumo passava pela *Casa da Arrecadação do Tabaco,* o equivalente da Alfândega do Tabaco de Lisboa. Era composta do superintendente do tabaco, do juiz da Balança e de três escrivães, que efetuavam o registro e a arrecadação do fumo reunidos em *Mesa Grande.* O fumo era pesado e carimbado com a marca de ferro do navio. Cada carregamento era registrado em dois livros, da Ementa e do Registro, que eram depois fechados e selados com as armas reais e levados pelos capitães dos navios para serem entregues ao provedor da Alfândega de Lisboa.

Ainda que o regimento não mencionasse o fato, os impostos que o fumo pagava no Brasil eram recolhidos nessa mesma casa.

O fumo era constantemente vigiado por uma tropa de guardas sob o comando de um guarda-mor. Este tinha sob sua jurisdição o trapiche, a Casa da Arrecadação e o mar. Dispunha de três lanchas, que rondavam dia e noite, em tempo de carregamento dos navios, a fim de impedir os eventuais desvios. O fumo era sempre carregado de um ponto para outro em presença de guardas.

Além das atribuições referidas, a Junta da Administração do Tabaco tinha sob sua jurisdição direta dois contratos.

O mais importante foi o *Contrato Geral do Tabaco de Portugal, Reino de Algarve e Ilhas Adjacentes,* estabelecido em 1700.

O direito de exercer esse contrato era arrendado a homens de negócios, individualmente ou reunidos em sociedade; em leilão, por um prazo de três anos; e por um preço variável, não incluindo os ordenados pagos aos ministros e oficiais da Junta. O contratador devia apresentar fianças seguras; os pagamentos eram efetuados em mensalidades e mais quatro parcelas anuais.

O contrato era um monopólio comercial: a distribuição e a venda do fumo nos referidos domínios. Sua organização formava um sistema piramidal baseado na divisão territorial do reino. O contratador podia delegar seus poderes para outras pessoas, por meio de subcontrato. Assim, existiam os contratos do tabaco para as províncias de Trás-os-Montes, Entre Douro e Minho e o reino de Algarve, os contratos para as comarcas (Coimbra, Beja, Elvas, etc.) ou ilhas e os contratos de lojas em Lisboa (mais de sessenta) e no Porto.

O Contrato Geral constituía ainda um monopólio de fabricação do fumo em pó. Dava direito à utilização de uma fábrica principal, a de Lisboa, e de fábricas anexas no Porto e nas ilhas para facilitar a distribuição dos produtos.

Os preços de compra e de venda do fumo eram estabelecidos por leis ou regimentos externos ao contrato.

O contratador dispunha de certos privilégios, como o de ser abastecido em primeiro lugar quando da chegada do fumo em Portugal, e de uma vez por ano mandar um navio buscar fumo diretamente no Brasil.

O contratador dispunha de certos privilégios, entre os quais o de ser abastecido em primeiro lugar na chegada do fumo do Brasil. Também podia mandar uma vez por ano um navio de licença, isto é, fora do corpo da frota, para buscar fumo no Brasil, além de dispor de um navio que se dirigia diretamente com sua carga para o Porto.

As principais obrigações do contratador eram respeitar as leis do fumo e de sempre fazer seus pagamentos no prazo estipulado. O Estado, representado pela Junta, se obrigava a preservar o monopólio do contratador pela luta contra a fraude.

O *Contrato do Estanco do Tabaco da índia,* de importância menor que o de Portugal, arrendava-se em Goa com condições similares no que diz respeito ao comércio.

No Brasil vigorou, de 1695 até 1757, um contrato equivalente ao do Reino: o *Contrato do Tabaco do Rio de Janeiro.*

Foi estabelecido a pedido da Câmara do Rio de Janeiro para pagar sua contribuição às despesas da defesa da recém-incorporada colônia de Sacramento e era arrendado pelo Conselho Ultramarino. Seu domínio abrangia todas as capitanias do Sul, com exceção da nova colônia. Consistia no monopólio de comércio para o fumo em corda e para o fumo em pó, bem como no monopólio da fabricação deste. Havia uma fábrica no Rio de Janeiro que empregava umas quinze pessoas que produziam três qualidades: o fumo de cheiro, de pó fino e de pó grosso. A matéria-prima vinha da Bahia e era limitada; ocasionalmente o contratador se abastecia com fumo de Pernambuco ou produzido em regiões próximas ao Rio de Janeiro.

Todos os contratos existentes nas colônias eram arrendados por três anos com as mesmas formas que o Contrato do Reino e mesmas obrigações por parte do Estado, ou seus representantes: Junta do Estanco Real do Tabaco na índia, governador ou capitão-general no Brasil.

Ainda no Brasil existiram outros contratos relativos ao fumo, mas de tipos diferentes. Eram contratos de rendas aduaneiras que dependiam unicamente do Conselho Ultramarino:

- o *Contrato da Dízima do Tabaco, Aguardente e mais gêneros da terra* consistia no arrendamento do direito de 80 réis por arroba de fumo exportada para outras partes fora do reino;
- o *Contrato do Subsídio das Caixas de Açúcar e Rolos de Tabaco* foi estabelecido em 1664, na Bahia e em Pernambuco, e mais tarde na ilha de Itamaracá. Recebia os 70 réis que pagava cada rolo exportado para o reino.

Em meados do século XVIII, o marquês de Pombal modificou a administração do fumo pelo *Novo Regimento da Alfândega do Tabaco*, publicado em 16 de janeiro de 1751.

As operações de carregamento e fiscalização na Alfândega de Lisboa eram simplificadas, resumindo- se a passagem do fumo por ela em três operações, registradas em dois livros e com apenas duas guias. Mas, sobretudo, o texto criava no Brasil novos órgãos administrativos centralizadores e mais poderosos que os já existentes: as *Mesas da Inspeção*. Não se limitavam ao fumo, mas ainda se referiam ao açúcar. Seu *Regimento* foi publicado em 1º de abril de 1751.

Quatro Mesas foram estabelecidas no Rio de Janeiro, no Maranhão, na Bahia e em Pernambuco, substituindo estas duas últimas as superintendências do Tabaco das quais recebiam a jurisdição.

Cada Mesa era constituída de três inspetores, dois escrivães e mais oficiais. O inspetor principal e presidente era um ministro de Letras, o superintendente geral do ouro na Bahia e no Rio de Janeiro, o ouvidor em Pernambuco e no Maranhão. Um dos inspetores era um senhor de engenho ou um lavrador de fumo, o outro era um negociante em um dos dois gêneros. Ambos eram eleitos pelo conjunto dos homens de sua corporação respectiva. Seu mandato era de um ano e não podiam se reeleger antes de três anos. Todos eram pagos pela Fazenda Real. Os demais oficiais eram, para a Bahia e Pernambuco, os das extintas Superintendências do Tabaco, e para as outras capitanias eram os que serviam na Intendência Geral do Ouro ou na Ouvidoria.

A Mesa era um tribunal supremo em matéria de açúcar e fumo. Devia vigiar a aplicação das leis e regimentos em vigor, bem como o exame dos gêneros (qualidades), sua boa arrecadação e sua rápida condução desde o lugar da produção até os navios da frota.

Com essas reformas o marquês de Pombal corrigia certas deficiências da administração do fumo que, dessa maneira, apresentava em meados do século XVIII sua forma mais aperfeiçoada.

O tamanho dessa administração pode surpreender. Mas tanto sua organização como os motivos que levaram à sua formação tinham sua lógica. Ela formava um sistema próprio com uma estrutura bem definida.

A Junta da Administração era o ápice do sistema, sendo o tribunal supremo para todas as matérias relativas ao fumo. Era, portanto, de sua jurisdição a administração do fumo não só no reino, mas ainda nas colônias: Brasil, Índia e China (Macau).

Para esses quatro territórios foi estabelecida uma estrutura idêntica, adaptada às condições de cada um deles: um órgão administrativo, uma alfândega específica e um órgão comercial (contratos). Em Portugal havia a mesma Junta (que tinha assim um caráter duplo), a Alfândega do Tabaco e o Contrato Geral. No Brasil havia as Superintendências, as Casas de Arrecadação e o Contrato do Rio de Janeiro.

Esta era a situação vigente em 1714, ou seja, quarenta anos após a criação da Junta. Mas a amplitude da administração foi tal que a Junta, apesar de ser um órgão supremo e todo-poderoso, teve grandes dificuldades para solucionar todos os problemas causados pela própria administração do fumo.

Assim, a Junta foi obrigada a deixar a administração da fabricação e do comércio do fumo em Portugal e restabelecer em 1700 um contrato. De 1725 a 1756, os administradores do fumo em Macau fizeram o negócio por sua conta, sem que a Junta tivesse uma só notícia do que acontecia.

No Brasil, sua atuação era relativamente limitada pela dispersão dos centros de decisão. Os representantes da Junta – os superintendentes – não tinham quase nenhum poder. A administração e a legislação eram feitas pelos governadores ou os capitães-generais, e os contratos dependiam do Conselho Ultramarino.

Disto resultou que quanto mais a administração crescia mais a Junta se enfraquecia e mais se tomava ineficiente.

Ainda pela mesma razão de amplitude, a Junta não pôde conservar o caráter monopolístico que lhe outorgava o decreto de sua criação: apenas exerceu o monopólio de Estado de 1674 a 1700, em Portugal.

O comércio de exportação para as nações estrangeiras sempre foi livre (a não ser para a Espanha), e estava inteiramente sob o domínio dos homens de negócio. O comércio português ou colonial (Índia e parte do Brasil) era, pelos contratos, monopolizado por indivíduos ou sociedades privadas.

Mas esses aspectos comerciais eram, na realidade, secundários. Afinal, a Junta era um órgão administrativo e não uma companhia de comércio. Aliás, o rei lucrava mais deixando os negócios em poder dos comerciantes do que exercendo seu monopólio, visto que os contratos lhe asseguravam uma renda certa, sem riscos ou despesas, qualquer que fosse o rendimento do comércio.

Os motivos que levaram à administração do tabaco são de duas ordens: econômicos e políticos.

O comércio e o consumo do fumo geravam uma grande riqueza que os Estados, sempre em busca de fontes de renda, recuperavam quer pelos impostos quer pelos monopólios. Sua cultura e sua fabricação estavam ao alcance de muitas pessoas; seu transporte e seu contrabando não constituíam grandes dificuldades. A preservação do rendimento do fumo passava, portanto, pela criação de uma administração relativamente poderosa para controlar o gênero em todos os níveis. Além do mais, ele era um gênero colonial e o "exclusivo" metropolitano tinha que ser protegido.

Mas esses motivos não são suficientes para justificar a importância da administração do fumo. Na realidade, razões muito mais importantes prevaleceram, e se inseriam no pensamento político-econômico da época: o mercantilismo.

A criação da Junta teve seus fundamentos na crise econômica que Portugal atravessava. Para obter rendimentos, a Coroa portuguesa levantou impostos sobre o fumo na Alfândega de Lisboa, e para assegurar seus pagamentos e evitar os descaminhos foi preciso uma administração específica. Por esses motivos foram dados logo à Junta do Tabaco todos os poderes, sendo nomeado como presidente um homem de Estado influente, poderoso e devotado ao rei: D. Nuno Álvares de Melo, duque de Cadaval. Dessa maneira, a Junta constituía uma *afirmação do poder do Estado* sobre um gênero da maior importância econômica.

No início, a Junta ignorava tudo o que se referia ao fumo. Com a experiência, estabeleceu aos poucos os diferentes elementos que compuseram a sua administração. Foi por essa razão que se levou quase quarenta anos para chegar a uma estrutura mais ou menos sólida. Contudo, ela não chegou a realizar plenamente seu objetivo político. Considerando o aspecto estrutural, ela o atingiu na medida em que elaborou um sistema unificado e centralizado. Mas, simultaneamente, a amplidão da administração conduziu a um enfraquecimento do poder da Junta que, consequentemente, diminuiu o poder do Estado. Com isso, o objetivo visado com a criação da Junta se tornou cada vez mais distante.

Pode-se, então, apreciar a clareza do juízo político do marquês de Pombal que inverteu essa tendência, particularmente no caso do poder da administração no Brasil, com a criação das *Mesas da Inspeção.*

Elas não foram simples correntes de transmissão da Junta, mas órgãos específicos para o Brasil, que ultrapassavam o quadro da administração do fumo; tratavam também do açúcar. Foram órgãos importantes, sendo tribunais supremos para ambos os gêneros, e cuja jurisdição era "privativa e exclusiva de toda e qualquer jurisdição e incumbência". Isso significava que detinham todos os poderes no Brasil e que em termos de fumo elas igualavam – se não excediam – a Junta do Tabaco em Lisboa. E não é por acaso que na presidência da primeira Mesa da Bahia (a mais importante para o fumo) foi nomeado o desembargador Wenceslau Pereira da Silva, que era na Bahia um dos ministros mais poderosos e devotados ao rei. Com essa Mesa se repetia a mesma afirmação do poder do Estado que havia sido feita com a nomeação do duque de Cadaval à presidência da primeira Junta do Tabaco.

Mas, talvez já fosse tarde demais para recuperar uma situação perigosa para o Estado, que o próprio sistema e as próprias condições da administração do fumo haviam gerado durante tantos anos.

UM GÊNERO MUITO ENTRAVADO
(1570-1774)

Da mesma maneira que o fumo se caracterizou por uma importante administração própria, seu comércio se distinguiu dos outros gêneros por ter sido submetido a uma política altamente restritiva.

O comércio do fumo brasileiro distribuía-se em quatro circuitos, sendo que os dois primeiros pertenciam ao comércio metropolitano e os dois últimos ao comércio brasileiro:

- Brasil-Portugal-nações estrangeiras
- Brasil-reino de Portugal e Índia
- Brasil-África
- mercado interno brasileiro

O consumo interno do Brasil, bem como o comércio deste com a África, começaram muito cedo, mas os circuitos comerciais se formaram somente no final do século XVII. Entretanto, a principal saída para o fumo brasileiro foi o comércio metropolitano.

A descoberta do fumo pelas cortes europeias, em 1560, e o início da cultura do fumo no Brasil, dez anos mais tarde, levaram os portugueses a desenvolver pouco depois o seu comércio. Já em 1610, o viajante Pyrard de Laval, passando pela Bahia, observava que o "petum", que os portugueses chamavam "tabaco", era um dos principais produtos de exportação.

Alguns anos depois, os holandeses desenvolviam no Nordeste brasileiro a cultura do fumo. O comércio não foi muito importante, mas divulgou o fumo brasileiro nos países do Norte da Europa, favorecendo indiretamente o comércio português.

O fumo transitava por Lisboa, onde pagava 15% de direitos de entrada sobre um valor arbitrado de 100 réis por libra e 3% na saída. De 1649 a 1659 foi monopolizado pela Companhia Geral de Comércio do Brasil, a quem pagava 600 réis por caixa (fumo em corda não enrolado), 100 réis por rolo fora da caixa, mais 150 réis por arroba de fretes.

Em 1652 se impôs o direito de 80 réis por arroba de fumo exportado para a África e demais portos do Brasil. Chamava-se a Dízima do Tabaco e seu rendimento foi arrendado por contrato, ao qual foram acrescentados os contratos dos direitos de aguardente e mais gêneros, exportados para as mesmas partes. Foi aplicado ao sustento e pagamento da tropa da Bahia.

Depois da descoberta do fumo em 1560 e do início do cultivo no Brasil dez anos depois, o desenvolvimento do comércio foi uma consequência natural.

Em 1661, Portugal assinava um tratado de aliança com a Inglaterra pelo casamento da infanta D. Catarina com Carlos II. Para pagar o dote de dois milhões de cruzados foi imposta uma contribuição a cada capitania do Brasil. Por este motivo se estabeleceu na Bahia e em Pernambuco o Donativo das Caixas de Açúcar e Rolos de Tabaco. Consistia em 70 réis por cada rolo de fumo exportado. Pela Carta Régia de 12 de abril de 1664 o donativo foi transformado em contrato e levou o nome de Subsídio. Após o pagamento á contribuição, seu rendimento passou a pagarmos saldos das tropas e mais despesas da Fazenda Real.

Além desses impostos aduaneiros foram estabelecidos dois contratos monopolizando o comércio e a fabricação do fumo em pó, na Índia portuguesa (1623) e em Portugal (1639).

Temos poucas informações a respeito das quantidades exportadas, mas o comércio durante a primeira metade do século XVII pode ser avaliado, globalmente, em 50 mil arrobas anuais. Após 1650, esta média anual subiu para 100 mil arrobas, representando um valor não desprezível de 400 mil cruzados.

Contudo, o estabelecimento de um novo imposto na Alfândega de Lisboa e a criação da Junta da Administração do Tabaco, em 1674, freou consideravelmente esse desenvolvimento. Consistia em um direito de entrada de 640 réis por arroba, elevando, assim, os tributos pagos pelo fumo na Alfândega de quase 250%. A estes se acrescentavam os 100 réis de saída que pagava o fumo de exportação.

Esse aumento recaiu de várias maneiras sobre o produto. Com o novo sistema aduaneiro, os negociantes de fumo se queixaram porque pagavam os direitos sobre o peso declarado na entrada, enquanto na realidade só podiam aproveitar uma parte desse fumo, visto que apodrecia durante a estadia na Alfândega. Por esse motivo, o rei mandou criar, em 1687, o Armazém do Jardim do Tabaco para separar os fumos bons dos ruins e pagar unicamente os direitos sobre os primeiros, sendo os últimos queimados.

Outra incidência foi a modificação do peso dos rolos, visto que parte dos direitos eram pagos por rolo e não por arroba. Os negociantes mandaram aumentar o tamanho dos rolos, conseguindo dessa maneira uma sensível redução dos tributos. Assim, o peso dos rolos, que era de quatro a cinco arrobas em 1674, passou em poucos anos para dez a doze arrobas. Mas, em 1697, o rei limitou esse peso a oito arrobas, estabelecendo mais tarde, em 1713, um mínimo de seis arrobas. Também se concedeu um aumento de tara, sobre a qual não se pagavam direitos, de dez libras por rolo a duas libras por arroba, visto que no peso dos rolos estavam incluídos o dos materiais de fabricação (pau, tabuinhas, couro) que, injustamente, pagavam direitos. Contudo, o tamanho dos rolos continuou aumentando cada vez mais, chegando a pesar cerca de vinte arrobas no final do século XVIII.

Mas a maior consequência dos novos direitos foi o aumento do preço do fumo na saída da Alfândega.

Por causa de uma série de despesas intermediárias, a arroba de fumo, que valia na produção 1.200, 1.500 ou 2.000 réis, segundo sua qualidade custava 1.588, 1.918 ou 2.468 réis à saída do Brasil e valia 3.063, 3.393 ou 3.943 réis na entrada da Alfândega de Lisboa, ou seja, quase o dobro do preço na produção.

O fumo brasileiro, portanto, se vendia por altíssimos preços em Lisboa. Para a exportação, seu valor subiu de 3.000 réis a arroba para 5.000 depois do estabelecimento do novo direito. O fumo destinado ao reino passou de 2.000 a 3.500 réis o produto de segunda qualidade e 4.500 réis o de primeira.

Esse tributo, contudo, não chegou a produzir um rendimento suficiente para pagar os 500.000 cruzados da contribuição para a qual fora criado, e nem as despesas de sua administração.

Em 1698, o direito de entrada passou então a 1.200 réis e os preços tiveram outro acréscimo. Em 1701 subiu para 1.600, e para limitar a carestia do fumo se limitou seu preço na produção a 1.200 réis a arroba. Assim, transferiu-se o custo dos direitos dos negociantes para o lavrador, sem que a Fazenda Real tivesse prejuízo. Mas, mesmo assim, o comércio não era viável, e, pela Resolução Real de 23 de setembro de 1713, se restabeleceu o direito de 1.200 réis, sem modificar, porém, o preço na produção.

Os efeitos do novo direito sobre as exportações não foram imediatos, mas a partir de 1680 as compras dos países estrangeiros diminuíram, enquanto a produção acusava um certo declínio: de 1681 a 1690 o Brasil exportou uma média anual de 78 240 arrobas, ou seja, 35% a menos que o decênio anterior.

Na Europa, principalmente nas cidades da liga de comércio hanseática (com sede em Hamburgo), na Holanda, na Espanha e na França, o fumo brasileiro tinha até então uma boa reputação. Mas, quando aumentou seu preço, eles buscaram outras fontes nas Antilhas francesas e inglesas e, sobretudo, na Virgínia, cuja produção dobrou de 1670 a 1699, alcançando um milhão de arrobas. Também em Portugal os preços tiveram um considerável acréscimo.

Começou, então, o desenvolvimento do contrabando, que consistia principalmente na fabricação do fumo em pó e na sua venda. Os padres e freiras de conventos eram peritos nesse assunto, porque as autoridades da justiça não podiam entrar nos conventos. Também se exportava para a Espanha o fumo brasileiro com o qual se fabricava nas regiões fronteiriças o fumo em pó, que retornava, assim, ao reino.

No total, o contrabando ocasionava à Junta perdas avaliadas em 200.000 cruzados por ano, ou seja, quase a metade da contribuição que ela devia pagar com o fumo.

Várias soluções foram apresentadas para resolver os problemas decorrentes das novas condições do comércio.

Os comerciantes de fumo começaram a negociar maiores quantidades, recuperando dessa maneira os lucros que obtinham antes com menores quantidades. Incentivados, os lavradores aumentaram a produção, mas com um fumo de qualidade inferior e de valor reduzido. A tendência se ampliou após 1701, quando estes, pelas mesmas razões que os comerciantes, tiveram que produzir mais para compensar a baixa do preço do fumo. Dessa maneira, a média anual das exportações do Brasil para Portugal subiu para 150 mil arrobas até 1700, e 200 mil até 1710.

Outra solução adotada foi o aumento do comércio do fumo na África, onde o produto funcionava como moeda para aquisição dos escravos.

Esse comércio cresceu a partir de 1680, mas as autoridades limitaram-no em 1698 a quatro mil arrobas anuais, e só admitiram o envio de fumo de terceira qualidade. Contudo, pela pressão dos negociantes baianos, as quantidades exportáveis foram liberadas em 1712, estabelecendo-se o comércio a partir de 1730 em torno de 95 mil arrobas. Para Portugal isso provocou uma queda do comércio, que se tornou irregular, apresentando uma média de 135 mil arrobas anuais. A limitação relativa à qualidade, porém, se manteve, ampliando consideravelmente a produção de fumo de baixa qualidade.

Em Portugal, a solução encontrada foi o restabelecimento de um órgão administrativo único para o reino: o Contrato Geral do Tabaco do Reino, que enfrentou, durante os dois primeiros decênios de sua existência,

O fumo no Brasil-Colônia

Com a elevação dos preços do fumo o contrabando floresceu, envolvendo padres e freiras. E isso porque as autoridades não podiam entrar nos conventos.

numerosas dificuldades financeiras. Dessas dificuldades resultou uma grande variação no preço do contrato.

O contrato – em teoria – não deveria ter ocasionado tantos problemas porque, pelas suas condições próprias, tinha o privilégio do abastecimento. Tinha preferência no recebimento do fumo, que era sempre de melhor qualidade, além de dispor do navio de licença que podia mandar para o Brasil fora do corpo da frota. Ele conseguia, portanto, mesmo em caso de falta de fumo (má colheita, atraso da frota), receber as 40 ou 50 mil arrobas que consumia regularmente por ano. Mas essas condições desfavoreciam particularmente o comércio de exportação.

Com efeito, sendo o contrato abastecido, só ficavam para este os fumos de má qualidade que não achavam compradores ou por preços tão baixos que os comerciantes às vezes preferiam perder o fumo, visto que a venda não cobria as despesas dos direitos. Esses fumos apodreciam, então, na Alfândega de Lisboa, sem que ninguém pudesse tirar proveitos deles. Na índia a situação não era melhor. O preço do contrato havia subido até 82.500 cruzados, mas acabou por se estabilizar em torno de 75.000 por ano. Várias obrigações lhe foram imputadas.

Assim, se nota uma queda considerável do consumo após o estabelecimento da Junta: passou de 844 arrobas, em 1674, para 413, em 1710.

Finalmente, o comércio se tornava deficitário para a Fazenda Real e duas medidas foram tomadas para melhorar a situação.

A primeira foi o início do comércio do fumo em Macau, a partir de 1712. Deu alguns resultados promissores e, em 1725, sua administração foi confiada a Manuel de Sande Vasconcelos, com todos os poderes, que nomeou dois administradores ajudantes com um vencimento de 400.000 réis anuais. Mas estes fizeram o comércio por conta própria sem que a Junta tivesse notícia alguma, e, em 1731, ela constatava que o comércio havia custado à Fazenda Real mais de 20 mil cruzados só de ordenados. Não foram tomadas, contudo, as devidas providências, e esta situação se manteve assim durante cerca de trinta anos.

A segunda medida foi a organização de um comércio de búzios (pequeno molusco cuja concha servia de moeda na África) por conta da Fazenda Real. Comprado em Moçambique com o dinheiro dos contratos do tabaco da Índia, era mandado ao Brasil para depois ser enviado à Costa da Mina. Iniciou-se em 1722 e se expediram regularmente seis mil arrobas de búzios. Comprava-se por 239 réis a arroba na Índia e se vendia por dois mil na Bahia.

Mas ninguém queria comprar tal búzio, porque na África tinha menos valor que o búzio local, e também porque ocupava no navio o espaço destinado ao fumo. O comércio, porém, deu alguns benefícios, 19.271 cruzados, em 1739, e 11.200 cruzados, em 1743, porque o rei obrigou cada negociante da Costa da Mina a comprar uma certa quantia. Estes consideraram tal obrigação como uma forma de imposto: pagaram o búzio, mas o deixaram na Alfândega.

Entretanto, o consumo interno brasileiro havia crescido e tomado várias formas. Na Bahia existiam várias "fábricas" de fumo em pó ou "casas de pisar tabaco". Com o aumento dos descaminhos em Portugal, essa fabricação foi vista como prejudicial aos interesses da Fazenda Real, e desde 1688 se tentou proibi-la, porém sem sucesso.

Nos navios das frotas de 1699 e 1700 foi descoberto muito fumo em pó descaminhado (1024 libras), bem como fumo em corda (642 arrobas). Com isso, o rei mandou limitar a dois ou três o número de pisadores, dos vinte e cinco que atuavam. O governador recolheu, então, na Casa da Moeda da Bahia, todo o fumo em pó existente e todo o material que servia à sua fabricação. A fabricação particular fora da Casa foi proibida e a venda foi limitada a uma quarta de libra por pessoa "conhecida e não-negra", de quinze em quinze dias. Fabricavam-se duas qualidades de fumo, fino e grosso (Amostra a Simonte), vendidos a 640 e 320 réis a libra. No primeiro ano foram transformadas umas mil arrobas de fumo, mas no ano seguinte, a produção chegou a somente 262 arrobas, ficando apenas em oito o número de pisadores. Finalmente, essa "indústria" foi abandonada pela Fazenda Real.

Simultaneamente, numerosas medidas haviam sido tomadas para controlar a circulação do fumo, especialmente pelo *Regimento que se há de observar na arrecadação do tabaco do Brasil.* Mas as autoridades foram tão zelosas que o seu consumo na Bahia se tornou impossível, provocando violentas queixas por parte de seus moradores. Em consequência, por Provisão de 3 de junho de 1711, o rei tornou oficialmente livre o consumo do fumo no Brasil, assim como sua fabricação em pó, aliviando o povo de uma administração particularmente pesada.

Nas capitanias do Sul, a situação foi diferente porque se estabeleceu, em 1695, o Contrato do Tabaco do Rio de Janeiro. Esse contrato era um monopólio de venda do produto, em corda ou em pó, e de fabricação do fumo em pó. Inicialmente limitado à cidade de São Sebastião do Rio de Janeiro, seu domínio se estendeu em 1701 a todas as capitanias do Sul, exceto à colônia de Sacramento: abrangia, portanto, quase a metade do Brasil de então.

As condições do contrato limitavam as quantidades importáveis da Bahia, mas o contratador podia se abastecer em outras regiões. A cultura do fumo, porém, era proibida em todo o domínio do contrato, a não ser para o uso pessoal do produtor ou de seus escravos. Os preços eram taxados, sendo vendido o fumo de cheiro a 960 réis a libra, o de pó fino a 480, o de pó grosso a 160 e o de fumo em corda se vendia a 80 réis a libra ou 40 réis a vara.

Apesar de um aumento constante de seu preço (que passou de 3.347 cruzados, em 1695, para 14.666, em 1704; 35.125 em 1728; e 45.845 em 1753), os contratadores não tiveram mais sorte que os outros dos vários contratos do fumo do mundo lusitano. Muitos deles foram arruinados pelo negócio e só os últimos contratadores, que já possuíam um capital importante, saíram dele honrosamente. Houve até mesmo dois anos, 1700 e 1734, em que a Fazenda Real teve que se encarregar de sua administração por falta de arrematantes.

O problema principal era o abastecimento. No início, a importação de fumo da Bahia era limitada a 600 arrobas por ano. Era suficiente e se autorizou, então, 800 arrobas. Mas a boa administração do negócio implicava quantidades cada vez maiores que os contratadores sempre solicitavam.

O pedido passava por Lisboa e a liberação voltava após muito tempo, já tarde demais para ser aproveitada. Em 1713, já se exportavam três mil arrobas anuais da Bahia, quatro mil em 1728, e seis mil em 1742. Para suprir a falta de fumo, os contratadores tiveram que abastecer em outras partes: Pernambuco, mas também ilha Grande, ilha de São Sebastião e Espírito Santo. Porém, só o fumo da Bahia servia para a fabricação do fumo em pó, cuja produção alcançava umas 40 mil libras em meados do século.

A necessidade de grandes quantidades de fumo não se explica pelo consumo, mas pelos enormes desgastes ocorridos durante a viagem e, sobretudo, a transformação em pó. Resultava que os produtos saíam caros e se vendiam relativamente mal.

As elevadas obrigações financeiras também influíam na carestia do fumo. Os contratadores deviam pagar não só o preço do contrato, mas ainda dois mil cruzados em diversas contribuições para o rei, os oficiais da Câmara, governador, obra-pia, etc. Em 1723 se impôs um direito de 40 réis por libra importada para as despesas do guarda-costas. Esse imposto quase dobrou o custo do fumo, sem que recaísse tal acréscimo sobre o seu preço de venda. Mas esse direito foi transformado em contrato que se juntou em 1725 ao do Tabaco, por 8.000 cruzados, o que provocou o aumento do preço do contrato.

Na colônia de Sacramento o comércio do fumo era livre, visto o estágio limitado de seu desenvolvimento. Tratava-se unicamente do fumo em corda, consumido principalmente pelos soldados. Também servia como moeda de troca entre os colonos e os espanhóis ou os índios, para obter vacas, cavalos, couros ou patacas. Várias tentativas foram feitas para estabelecer um contrato, mas sem sucesso. Entre 1744 e 1753, chegaram na colônia cerca de 350 arrobas anuais, procedentes da Bahia.

Havia ainda algumas regiões em que se produzia algum fumo para auto-abastecimento: Maranhão, Minas Gerais, Paraíba e São Paulo. Em meados do século XVIII, o consumo interno girava em torno de 25 mil arrobas anuais.

Desde sua chegada ao poder, em 1750, o marquês de Pombal tentou melhorar a situação do comércio do fumo. Pelo *Novo Regimento da Alfândega do Tabaco,* modificou o sistema dos impostos. Assim, a partir de janeiro de 1751, o fumo passou a pagar, por arroba, 1.675 réis 1/2.

Mas, medida importante, o fumo de exportação foi favorecido, beneficiando-se de uma isenção de 50%

sobre esses direitos. A estes se acrescentavam três réis por arroba, 1/4 para os ministros da Alfândega e mais 1/2 para o salário dos carregadores do fumo e a pesagem. O frete era limitado a 300 réis por arroba para os navios do Brasil e a 12 réis 1/2 por rolo para os barcos da Alfândega.

Pombal também criou as Mesas da Inspeção para fomentar a produção do açúcar e do fumo, e padronizou a fiscalização. Três marcas deviam ser imprimidas a ferro sobre cada rolo ou fardo, a saber: a marca do lavrador, a marca da origem do fumo e a marca da qualidade.

Os preços do fumo foram limitados a 1.000 e 900 réis para os fumos de primeira e segunda folhas. Só em raras exceções (má colheita) os oficiais da Mesa podiam aumentar o fumo de primeira qualidade de 100 a 300 réis a arroba e o de segunda de 50 a 150 réis.

Além disso, o marquês de Pombal procurou reorganizar de uma maneira geral as frotas do comércio do Brasil, bem como o comércio da Costa da Mina.

Essa política não surtiu os efeitos desejados, porque chegava tarde demais para resolver os problemas que eram inerentes ao fumo e também ao sistema colonial; o terremoto de Lisboa, em 1755, e a crise econômica que atravessou Portugal, de 1762 a 1779, dificultaram ainda mais a total aplicação dessas medidas. O resultado disso foi que, a partir de 1751, ao invés de uma melhoria da cultura e do comércio do fumo, começou o desabamento do sistema colonial.

O novo sistema de frota começou a funcionar somente em 1757. Mas a irregularidade, além da falta

O fumo no Brasil-Colônia

Desde sua chegada ao poder em 1750, o marquês de Pombal tentou melhorar a situação do comércio de fumo. Modificou por exemplo o sistema de impostos, implantando o *Novo Regimento da Alfândega do Tabaco*.

das frotas, acarretou uma queda do comércio do fumo. A média anual das exportações baixou de 176.992 arrobas anuais para 88.380 entre o primeiro e o segundo quinquênio da década 1751-1760. Voltaram, contudo, ao nível anterior após o Alvará de 10 de setembro de 1765, que instituiu o regime da liberdade de navegação.

Durante esse período, o Contrato do reino foi preservado da crise pelo fato de que dispunha do privilégio de mandar seu navio de licença fora do corpo da frota; porém, isto não impediu uma queda de quase 50% no seu abastecimento. A mesma queda se observou para o comércio de reexportação.

Apesar da melhoria nos negócios após 1765, a crise econômica portuguesa levou muitas casas comerciais à falência. Em particular, as que negociavam o fumo não conseguiram mais pagar os direitos que deviam. Por conseguinte, pelo importantíssimo decreto de 30 de abril de 1774, o rei aboliu os direitos de entrada e saída da Alfândega do Tabaco para os fumos destinados à exportação.

Após várias tentativas de controle, o comércio do fumo da Costa da Mina foi finalmente liberado pela Provisão de 30 de março de 1756, limitando a carga de cada navio a apenas três mil rolos de 2,5 arrobas. As exportações, contudo, permaneceram em torno de 90 mil arrobas anuais.

Para a índia foram tomadas algumas medidas particularmente favoráveis ao comércio do fumo. Pela Carta Régia de 20 de julho de 1752, solicitou-se à Mesa da Inspeção da Bahia escolher fumos de altíssima qualidade para mandá-los a Portugal, onde eram especialmente transformados em pó e enviados para a índia. As despesas eram pagas pela Fazenda Real e cada ano saíram do Brasil 120 a 140 rolos (cerca de duas mil arrobas) destinados à colônia oriental.

A melhora da qualidade provocou um aumento de 50% no consumo, assim como no preço do Contrato de Goa. O comércio se tornou, então, lucrativo, e, de 1751 até 1766, propiciou um lucro de aproximadamente 4.500 cruzados anuais à Fazenda Real.

O comércio com Macau passou em 1756 sob a administração do governador desta praça, e prosperou rapidamente tanto em quantidade como em lucros. Em 1762, por exemplo, foram vendidas 2.020 libras de fumo em pó a preços variáveis de 7.200 a 16.800 réis, com um benefício de 2.328 cruzados. No início da década de 70 eram consumidas de três a quatro mil libras por ano.

Ao contrário, o comércio do búzio, com o Brasil entrou em total decadência, e o rei o abandonou oficialmente pela Carta Régia de 12 de abril de 1772.

No Brasil, a situação do consumo interno melhorou. Em 1751 se instalava a Mesa da Inspeção do Rio de Janeiro, e os moradores da região aproveitaram para pedir a abolição do Contrato do Tabaco, considerado como "um verdadeiro pesadelo, tanto pelo preço do fumo quanto pela proibição do comércio dele".

Finalmente, o contrato foi abolido pelo Alvará de 10 de janeiro de 1757, sendo substituído pelos direitos de 800 réis por cada escravo, 100 réis por barril de aguardente da terra, ambos pagos na entrada da capitania, e o de 3.000 réis para cada barril de azeite de peixe consumido na mesma capitania.

As importações de fumo da Bahia pelo Rio de Janeiro aumentaram rapidamente, passando a 9.000 arrobas anuais, até que, sendo consideradas como muito importantes, se impôs um direito de 200 réis por libra. Mas assim mesmo elas saltaram para 15.000 arrobas anuais em 1760 e 1761, crescendo ainda mais depois da transferência da sede do governo-geral para o Rio de Janeiro, em 1763.

A Bahia também mantinha outras relações comerciais. Entre 1757 e 1766, exportou em torno de 1.700 arrobas anuais para o Sul do país, e nada menos que 7.405 arrobas, entre 1759 e 1763, para Pernambuco, cuja própria produção não chegava a suprir as necessidades da capitania.

Finalmente, o exame do comércio do fumo, de 1570 a 1774, permite destacar três fases bem definidas.

A primeira, de 1570 a 1673, se caracterizou pelo início da cultura e o nascimento dos fluxos comerciais pelos estabelecimentos dos primeiros impostos aduaneiros e contratos, tanto no Brasil como na metrópole e na Índia. Foi uma *fase de crescimento* que fez do fumo o segundo gênero comercial do Brasil, após o açúcar.

A segunda fase, de 1674 a 1713, define-se como uma *fase de crise*. Durante esses anos se estabeleceu uma importante administração controladora e restritiva. De repente, impuseram ao comércio do fumo um inigualável entrave pelos elevadíssimos impostos na alfândega de Lisboa: ainda que a produção aumentasse, a qualidade do fumo piorou. A crise foi, portanto, antes de tudo, de *qualidade.*

Simultaneamente à pesada administração, a carestia do fumo e sua baixa desembocaram sobre uma *crise comercial e financeira.* Os preços para exportação caíram na metrópole, na índia e mesmo no Brasil; o contrabando aumentou, todos os estabelecimentos comerciais chegaram à falência. Seguiu-se um fortalecimento da administração, que se tornou cada vez mais repressiva, ocasionando uma *crise política.*

As diversas soluções adotadas não conseguiram resolver a crise e medidas tiveram que ser tomadas: diminuição dos impostos em Lisboa, liberdade das quantidades para o comércio na África, liberdade do consumo interno no Brasil para as capitanias do Norte e mais quantidades para as do Sul, arrendamento do Contrato do reino a sociedades de negociantes com capital seguro, início do Comércio do fumo em Macau, etc.

A terceira fase, de 1714 a 1774, foi uma *fase de instabilidade.* O comércio do fumo continuou a assumir as consequências da crise precedente, sobretudo a respeito da qualidade. O comércio do fumo na África tomou uma importância considerável, e o comércio com a metrópole foi preservado graças aos privilégios do Contrato Geral. As reformas de Pombal, apesar de apresentarem bons propósitos, não bastaram para resolver os problemas gerados pela própria política elaborada com relação ao fumo no século precedente, que elas não modificaram nos seus princípios. As necessidades do comércio prevaleceram sobre as do Estado e se deram novos passos para a liberação: para o comércio externo português, para a África e para o consumo interno brasileiro.

A segunda fase é, sem dúvida, o período mais importante para o desenvolvimento da produção e do comércio do fumo colonial. Em seu decurso se criaram os fundamentos de suas dificuldades ao mesmo tempo que os de sua originalidade: importante administração, comércio altamente regimentado, baixa qualidade, comércio na África tipicamente brasileiro, etc.

A legislação comercial obedeceu às mesmas regras do mercantilismo que foram salientadas para a administração, isto é, o fortalecimento do Estado. Ela dependeu de uma forma de pensamento político- econômico que alguns autores chamaram de "fiscalismo": impor demasiadamente o comércio para o Estado ter a maior renda – e o poder – possível.

Mas da mesma maneira que a administração se enfraquecia, ao passo que crescia, as necessidades do comércio, aos poucos, impuseram ao legislador a tomada de medidas mais liberais. Nesse sentido é significativa a evolução do comércio brasileiro, tanto para o comércio interno quanto para a Costa da Mina. Num quadro mais geral, a política econômica relativa ao fumo e suas consequências mostram a passagem da economia portuguesa e brasileira do mercantilismo ao liberalismo.

O ESCAMBO:
UMA FORMA DE AUTONOMIA

O comércio do fumo para a compra de escravos na África – ou escambo – constitui a grande originalidade do fumo durante o período colonial. Não somente porque foi o único gênero colonial a ser utilizado no tráfico (com tal importância), como também pelo fato de que apresentava uma situação *sui generis* dentro dos quadros do antigo sistema colonial, ou seja, um comércio quase independente da metrópole.

Todas as nações colonizadoras, salvo Portugal, fizeram com suas colônias americanas o comércio de escravos num sistema de viagem triangular. Este constituía um dos componentes do antigo sistema colonial. Da metrópole saíam navios com mercadorias baratas (ferro, por exemplo), com as quais se compravam escravos na África. Estes eram transportados para as colônias, onde eram vendidos por preços altíssimos e constituíam a mão de obra básica para a produção de valiosos gêneros com os quais os navios regressavam à metrópole. O sistema formava, portanto, um lucrativo ciclo comercial.

No início, os portugueses fizeram o comércio dos escravos desse modo, e do final do século XV até 1640 eles dominaram o tráfico por estarem os europeus mais implantados na África.

Porém, em data desconhecida foi dada a autorização ao governador do Brasil para conceder licenças de navegação, resultando, dessa maneira, um tráfico direto Brasil-África.

A única referência certa que temos dessas licenças data de 1631, pelas Atas da Câmara da Bahia. Nessa ocasião saíam seis navios por ano para Angola.

Mas é de crer que o comércio direto começou muito mais cedo, visto que, no final do século XVI, o Brasil se tornou a maior praça de contrabando de escravos para as colônias espanholas do rio da Prata. Este foi favorecido pelo fato de que os direitos dos escravos para o Brasil eram muito inferiores aos dos escravos destinados às Índias da coroa espanhola, cujo fornecimento foi entregue, durante o período filipino, quase que integralmente aos portugueses.

Esses aspectos são importantíssimos porque determinam, na realidade, quando se começou a utilizar o fumo para o comércio de resgate de escravos. Com efeito, saindo os navios do Brasil, as mercadorias de escambo eram poucas. Não podiam ser as mesmas que as que eram utilizadas pelos negreiros que saíam da Europa. Eram, necessariamente, produtos locais, de pouco valor, e que não existiam na África: a farinha de mandioca, a aguardente e o fumo. Este prevaleceu, mas não assumiu de imediato uma importância preponderante, já que poucos navios saíram do Brasil para lá.

As mudanças que provocou na África a atuação da Companhia das Índias Ocidentais holandesa, fundada em 1602, favoreceram o desenvolvimento do comércio em direitura, ou seja, diretamente entre o Brasil e a África.

Em 1617, apoderou-se do Senegal; do Cabo Verde e da Costa do Ouro em 1624; e do Castelo de São Jorge da Mina em 1673. Esta fortaleza era a mais importante praça portuguesa na África, tanto por suas fortificações quanto por sua posição estratégica, pois permitia o controle de uma grande parte da costa africana. Sua conquista acabou com a hegemonia luso-espanhola do comércio dos escravos, e permitiu à companhia também participar do tráfico, fornecendo escravos não só a Pernambuco e outros domínios holandeses, mas ainda às Antilhas francesas e inglesas. Em 1641, a Companhia das Índias se apoderava de Angola, fortalecendo sua posição no continente africano e controlando todo o seu comércio:

Depois da Restauração, Portugal recuperou os territórios ocupados, mas não conseguiu restabelecer sua potência na África, infestada pelos vassalos das nações estrangeiras. O Castelo de São Jorge da Mina permaneceu nas mãos dos holandeses e os tratados de paz, com a Inglaterra, em 1654, e com a Holanda, em 1661, concederam importantes vantagens comerciais a estes países na região.

Por esses motivos, se pode considerar que, por volta de 1650, o comércio português dos escravos passou a ser efetuado unicamente em direitura entre o Brasil e a África, deixando a metrópole fora do negócio. A presença holandesa em São Jorge da Mina, contudo, fez com que os negociantes se dirigissem quase que exclusivamente a Angola.

No final do mesmo século, começou o ciclo da Costa da Mina, região que compreendia todos os portos da Costa da África Ocidental situados entre o Cabo do Monte ou Mozurarem até o de Lopo Gonçalves.

A causa principal do deslocamento do tráfico de Angola para a Costa da Mina foi a crise comercial que atravessou o fumo brasileiro após a criação do novo imposto na Alfândega de Lisboa e o estabelecimento da Junta da Administração do Tabaco. O fumo tinha melhor aceitação na Costa do que em Angola, mas essa mudança só foi possível graças às circunstâncias favoráveis: as frequentes epidemias de bexiga em Angola e, sobretudo, a paz com a Holanda. Os holandeses, instalados no castelo de São Jorge da Mina, permitiram a compra aos negociantes baianos mediante o pagamento de 10% da carga de fumo na fortaleza. Deste modo, recebiam, sem esforço e pagamento, uma mercadoria de valor, com a qual também podiam obter escravos.

O comércio da Costa da Mina se tornou evidente desde 1681, como mostraram as estatísticas do número de navios conduzidos do Brasil para a África, estabelecidas por Pierre Verger. (Ver tabela abaixo.)

	ANGOLA	COSTA DA MINA
1681-1685	5	11
1686-1690	3	32
1691-1695	6	49
1696-1700	2	60

Alguns anos depois, as autoridades portuguesas tomaram medidas para restringir esse comércio e revitalizar o da metrópole.

Pela Carta Régia de 12 de março de 1698 se determinou que o fumo fosse unicamente de "terceira e ínfima qualidade" e que o número de embarcações fosse no máximo de vinte e quatro. Em 8 de janeiro de 1699, limitavam-se a 4095 arrobas as quantidades exportáveis por ano.

Essas duas determinações, aparentemente arbitrárias, correspondiam, na realidade, ao movimento que havia ocorrido durante o ano de 1697 e que o governador D. João de Lencastro havia transmitido ao rei. Em 1703, o peso dos rolos era limitado a 2,5 arrobas. No mesmo ano, pelo Alvará de 29 de setembro, se proibiu aos moradores das capitanias do Sul fazer o comércio de escravos com a África, para evitar os descaminhos do ouro.

A necessidade crescente de escravos para a exploração mineradora e o privilégio do tráfico concedido assim à Bahia (e Pernambuco) favoreceu o aumento rápido das exportações de fumo que as autoridades não conseguiram conter. Em 6 de maio de 1703, o rei admitiu o envio de 12500 arrobas anuais, mas pelo Alvará de 1º de abril de 1712 liberou as exportações de maneira oficial e definitiva. O comércio da Costa da Mina se confirmou daí em diante como o segundo mercado do fumo brasileiro do período colonial.

A redução do comércio a vinte e quatro embarcações gerou consideráveis consequências no quadro das relações luso-brasileiras.

A mais importante delas foi a concentração do comércio num grupo reduzido de negociantes. Em 1699 eram trinta e um, mas já no início do século XVIII passaram a ser dezessete, sendo que três deles dominavam 40% do comércio: João Verdoa possuía seis embarcações (25%), Pedro Fernandes Dourado e Nicolau Lopes Suiza duas cada um (17% ambos).

Em Pernambuco se adotou, um pouco mais tarde um sistema idêntico. Pela Carta Régia de 22 de março de 1718, o número de embarcações se restringiu a seis para Pernambuco e duas para a Paraíba, sendo a carga máxima de 600 rolos.

O crescimento do comércio fez com que os negociantes contornassem a limitação do número pela utilização de embarcações cada vez maiores: as su- macas e patachos que viajavam foram trocados a partir de 1720 por balandras, corvetas, e iates, e depois galeras e navios.

Em 1750, o comércio era dominado por quatro sociedades de negociantes e dez particulares. As sociedades de Theodozio Rodrigues de Faria, de Manoel Alves de Carvalho e de Jacomé de Seixas possuíam cada uma delas três grandes navios, e a de Joaquim Ignácio da Cruz três navios, representando, no total, 50% do comércio. Dois homens de negócios possuíam dois navios cada um, colocando-se, deste modo, entre os negociantes mais poderosos: Manoel Fernandez dos Santos Maya e dona Theresa de Jesus Maria (viúva de Manoel Fernandez da Costa). Os demais proprietários (oito), com um navio cada um, representavam juntos 33% do comércio.

Não obstante, várias tentativas foram feitas para estabelecer uma companhia de comércio para a aquisição de escravos.

Em 1698 se tratou do estabelecimento de uma nova fortaleza portuguesa na África, no leste da Costa da Mina: Ajuda. O rei queria criar uma companhia que fizesse o resgate dos escravos nessa nova praça. Mas os negociantes da Bahia não aceitaram a proposta, porque, na realidade, formaria um comboio de defesa dos navios mercantes, a quem eles te- riam que pagar direitos; e também porque dava a todos, inclusive aos negociantes de Portugal, o direito de comerciar.

Em 1721, os portugueses haviam construído duas fortalezas em Ajuda, mas elas tiveram que enfrentar a oposição dos holandeses e também do rei de Daomé que, para se apoderar do controle do comércio de escravos, havia iniciado uma guerra com os reinos vizinhos. Em 1727, suas tropas destruíram as fortalezas de Ajuda e os portugueses foram para Jaquim, mais a leste, onde construíram, em 1730, uma nova fortaleza.

Outros projetos surgiram, mas ficaram sem efeito porque todas as vezes previam a participação dos negociantes de Lisboa. Na espera de uma hipotética companhia, se estabeleceu, pela Carta Régia de 8 de maio de 1743, um sistema provisório de navegação.

O número de embarcações era mantido, mas estas deviam, então, sair da Bahia por esquadra, de três em três meses, e em turno individual, de quatro em quatro meses, de Pernambuco ou Paraíba. A ordem de saída era sorteada e nenhuma embarcação podia fazer outra viagem antes de cada uma delas ter ido uma vez para a Costa.

Essa determinação desorganizou o comércio, porque não correspondia verdadeiramente às suas condições, dependentes, em particular, da época de colheita do fumo e dos ventos no mar.

Pelo Decreto de 14 de fevereiro de 1750 se reduziu a um o número de navios que podia possuir cada sociedade, ficando vinte e três o número de proprietários (uma ficou com dois, porque tinha comprado um navio à Fazenda Real por um bom preço). Mas os novos proprietários eram, provavelmente, os sócios das mesmas sociedades destituídas.

A chegada do marquês de Pombal à direção dos negócios do Estado estimulou os negociantes da Bahia a criar entre si uma companhia de comércio. Mas, dessa vez, a oposição veio do povo da Bahia mesmo, e em particular dos lavradores de fumo.

Com efeito, os negociantes pretendiam diminuir o preço dos escravos de 16 para 10 rolos, e, por consequência, o comércio do fumo de terceira qualidade. Além do mais, os lavradores, por não terem outra alternativa de venda, seriam obrigados a aceitar qualquer preço que, acreditavam, seria baixíssimo.

Pelo Decreto de 16 de fevereiro de 1754, o rei mandou ao desembargador Antonio José da Fonseca Lemos informações sobre o comércio da Costa da Mina. Em 25 de maio de 1755, este respondia que todas as dificuldades do comércio e problemas do fumo vinham da legislação em vigor, e concluía que a única solução consistia na sua imediata e total abolição. O rei aprovou e, pela Provisão de 30 de março de 1756, permitiu a todos comerciar o fumo na Costa da Mina, limitando apenas a carga das embarcações a três mil rolos, qualquer que fosse sua capacidade.

No ano seguinte, os negociantes da Bahia mandaram ao rei uma representação, queixando-se de que a última provisão havia arrasado o comércio da Costa da Mina. Os navios que se enviavam eram inadequados para a navegação (muitos afundavam), eram demasiadamente numerosos, havia falta de negros e o preço destes tinha aumentado de sete a dez rolos para o dobro. Finalmente, o fumo havia perdido todo o seu prestígio e o comércio estava em completa decadência.

Na verdade, tudo o que diziam não tinha muito fundamento, visto que a situação não podia ter mudado em tão pouco tempo. Era apenas um pretexto para tentar o restabelecimento do quase monopólio que acabavam de perder.

De fato, o movimento dos navios permaneceu sensivelmente o mesmo de antes, assim como as quantidades exportadas.

A única mudança significativa foi o deslocamento, a partir de 1770, dos lugares de resgate, mais a leste, em Porto Novo, Badagre e Onim, dando início ao que Pierre Verger chamou de Ciclo da Baía de Benim.

O fim das restrições ao comércio do escambo era, sem dúvida, um efeito do liberalismo econômico que passou a influenciar o comércio do fumo, mas também não deixou de exercer um papel político importante.

Do escravismo dependia a produção dos produtos coloniais (açúcar, fumo, ouro) e mais atividades como, por exemplo, a criação de gado ou o transporte de mercadorias. Também apresentava um caráter geopolítico na medida em que os negros supriam a falta de população metropolitana, assegurando a presença de Portugal no território brasileiro.

A sobrevivência da colônia, seu desenvolvimento econômico e –indiretamente – os da metrópole lhe eram subordinados e o comércio, portanto, constituía um elemento fundamental do antigo sistema colonial, sua "pedra angular", como disseram alguns.

Embora as licenças fossem outorgadas por uma autoridade portuguesa (a saber, o governador do Brasil), o comércio em direitura já constituía uma *desapropriação* desse comércio metropolitano em prol da colônia. Politicamente, isso significava que o Brasil gerava por si mesmo as próprias forças de seu desenvolvimento, e tornava-se, de um certo modo, "independente" da metrópole.

Contudo, isso não assumiu imediatamente este caráter tão radical. Ele apareceu a partir de 1674, quando os negociantes da Bahia solucionaram a crise comercial pelo envio do fumo para a Costa da Mina em troca de escravos.

A proibição da cultura do fumo, em 1695, e do comércio com a África, em 1703, para as capitanias do Sul, outorgou à Bahia, e parcialmente a Pernambuco e Paraíba, o monopólio do tráfico. Este, de um certo modo, interessava à coroa portuguesa, na medida em que facilitava o controle da circulação do fumo e preservava o comércio metropolitano. Mas, simultaneamente, entregava aos comerciantes de fumo da Bahia o monopólio do fundamental comércio de escravos. As várias medidas tomadas para restringi-lo provocaram efeitos contrários aos que se esperavam.

A limitação do comércio ao fumo de terceira qualidade, além da política geral dos preços e dos impostos, provocou uma superprodução de fumo de baixa qualidade, facilitando sua saída para a Costa da Mina. A restrição do número de embarcações, viagens, acarretou a concentração do comércio nas mãos de um grupo reduzido de negociantes, que formou, dessa maneira, uma oligarquia baiana – ou brasileira – altamente poderosa. Os diversos privilégios concedidos pelas leis e pelos fatos conferiam a ela uma verdadeira *independência* em relação à metrópole, na medida em que esta não podia destituí-la do comércio sem desestabilizar toda a colônia e, por consequência, Portugal.

Isso explica por que fracassaram as experiências relativas à criação de companhias de comércio, assim como as relativas às mudanças do sistema. Eram, na realidade, tentativas da coroa para recuperar o comércio e o poder vinculado a ele, o que a oligarquia não permitiu.

Sendo essa reconquista impossível, a única solução para a metrópole era, então, derrubar o poder oligárquico, decretando a liberdade de comércio para todos; daí o significado político da Provisão de 30 de março de 1756.

A oligarquia, já em 1750, percebera a mudança de atitude da administração portuguesa, pela redução a somente um navio para cada negociante ou sociedade, e por esse motivo queria criar sua própria companhia. Sua representação de 1757 ao rei era, portanto, a expressão de seu desespero por ter perdido o poder, e é evidente que o marquês de Pombal, apesar de ser favorável às companhias de comércio, não podia aceitar a criação da que propunham.

Dessa forma, Portugal não recuperava o comércio de escravos, mas impedia a oligarquia de se transformar em poder alternativo, isto é, brasileiro e germe de uma eventual independência. Afirmava, entretanto, sua (ainda) dominação sobre o Brasil.

O SOPRO DA INDEPENDÊNCIA
(1774-1830)

Em 1775, começou o período conhecido como "crise do antigo sistema colonial", findo tradicionalmente em 1808. Mas, para o fumo, as mudanças estruturais ocorreram no decurso de uma fase que se iniciou em 1774 e se encerrou por volta de 1830.

A abolição dos direitos para o fumo de exportação, decretada em 30 de abril de 1774, aliviava uma importante faixa do comércio do fumo brasileiro e abria uma fenda no poder da Junta da Administração do Tabaco. Para evitar qualquer excesso por parte dos lavradores e negociantes, o marquês de Pombal elaborou uma série de medidas publicadas no Alvará de 15 de julho de 1775.

Nele, reafirmou as Mesas da Inspeção como órgão supremo em relação ao fumo. Aumentou a fiscalização sobre os lavradores (registrados por número), as qualidades, o peso dos rolos, o transporte, a conservação, etc., acrescentando as penas contra os transgressores. Deu inúmeros conselhos sobre a cultura do fumo e tomou algumas resoluções a seu favor.

Aboliu as leis relativas à obrigação de plantar mandioca e à proibição de criar gado, mas, sobretudo, permitiu aos pequenos produtores e escravos mandarem seus fumos para Portugal. Sendo estes de qualidade inferior, determinou a criação de um armazém de beneficiamento na Alfândega da Bahia.

Todas essas mudanças tiveram um efeito considerável sobre a cultura e o comércio do fumo, começando por um importante aumento quantitativo.

Assim, as exportações globais para Portugal passaram, em média anual, de 172.663 arrobas, no decênio 1761-1770, para 219 699 e 321.828, nos dois decênios seguintes, ou seja, um acréscimo de 100% em menos de vinte anos.

As reexportações para as nações estrangeiras dobraram entre o primeiro e o segundo quinquênio da década de 70, estabilizando-se na década seguinte. Assim, subiram de 97.577 arrobas para 199.370 e 207.524. As quantidades compradas pelo Contrato Geral para o reino de Portugal, assim como sua exportação para a Espanha, aumentaram de maneira similar nos mesmos períodos, passando de 56.682 arrobas para 92.019 e 94.567.

Com efeito, o preço do fumo, com a extinção dos direitos, caiu de uns 50%. O fumo de primeira folha

O *fumo no Brasil-Colônia*

(chamado de escolha de Holanda) valia, então, 2.200 réis, o de segunda folha 2.000 réis (Nápoles e Gênova) e 1.600 réis (Espanha); os fumos desmanchados finos 1.200 réis e os inferiores 900 réis (sendo esses fumos os que saíam do Armazém do Jardim).

Esse rápido crescimento das quantidades de fumo que passavam pela Alfândega da Bahia tornou quase impossível a atuação da Mesa da Inspeção, principalmente pela falta de pessoal. Seus controles se afrouxaram e, aos poucos, os fumos de terceira qualidade foram mandados para Portugal, assim como os fumos de primeira e segunda qualidade para a África, desaparecendo, deste modo, a distinção entre os dois mercados do fumo brasileiro.

Mais do que isso, essa mudança diminuiu consideravelmente o poder da Mesa da Inspeção e deu início à sua decadência, registrada a partir de 1790. Os preços regimentados não foram mais respeitados e o valor da arroba de fumo dobrou.

No reino se constatou uma situação similar. O contrabando cresceu devido ao aumento das quantidades de fumo que entraram em Lisboa.

Nessa época se iniciou a fabricação do rapé. Diferenciava-se da fabricação do fumo em pó por um processo mais complexo, em particular requerendo um fumo de melhor qualidade, uma moagem mais refinada e vários períodos de fermentação. Por esses motivos, os contratadores estabeleceram, em 1791, uma nova fábrica em Lisboa, que só começou a funcionar realmente em 1796.

A razão desse atraso foram as hesitações da Junta, que tinha algumas dúvidas sobre a nova fabricação, visto que os contratadores pediam a autorização de importar fumo da Virgínia, diferente do fumo brasileiro: essa importação era contra a lei ainda em vigor, proibindo a introdução de fumo estrangeiro no reino. Em 1792 foram importadas 100 barricas do fumo norte-americano, e dois anos mais tarde já se constatava a boa qualidade do novo produto e as vantagens que seu comércio podia trazer ao contrato; foi, portanto, autorizada a importação regular de fumo da Virgínia. Esta, contudo, não prejudicou muito o fumo brasileiro, visto que, entre 1796 e 1807, se importaram apenas 2.068 arrobas por ano.

Com relação à índia, a Junta de Lisboa perdeu toda sua autoridade pelo Alvará de 15 de julho de 1774, que aboliu a Junta da Administração do Estanco Real do Tabaco da índia; todos os negócios passaram à competência da Fazenda Real.

O comércio, porém, continuou próspero, acarretando um aumento das exportações brasileiras de fumo destinado às colônias orientais que, de 2.875 arrobas anuais no decênio 1771-1780, alcançaram 6 559 arrobas entre 1801 e 1807.

No Brasil, o comércio e o consumo interno se consolidaram. A Bahia era ainda a maior região fornecedora de fumo para o Brasil, mas a cultura se propagou em muitas regiões: Pará, capitania do Rio Negro, Rio Grande do Norte, ilha de Itamaracá, etc.

Mas foi na região Centro-Sul que o fumo conheceu o maior desenvolvimento. Em Mato Grosso se concederam privilégios, em 1790, aos que o cultivassem. Na mesma época, começaram as primeiras plantações em Goiás.

A capitania de São Paulo se tornou um importante produtor, porque ao seu território foram reunidos a ilha de São Sebastião, ilha Grande, Parati, que pertenciam à capitania do Rio de Janeiro, e onde se produzia bastante fumo. Estabeleceram-se importantes relações comerciais com as capitanias vizinhas.

O fumo das Minas Gerais, contudo, foi o maior destaque do final do século XVIII. Desde os primórdios da ocupação da capitania se cultivara um pouco de fumo para o consumo dos colonos e seus escravos, sem que houvesse, por causa do Contrato do Tabaco do Rio de Janeiro, um comércio. O principal centro produtor era Baependim.

Esse fumo era destinado a abastecer o mercado do Rio de Janeiro, mas sua qualidade era tão boa que chegou a ser conhecido no exterior. Quando, no final do século XVIII, a região de Buenos Aires encontrou dificuldades de abastecimento de fumo castelhano, os negociantes vieram ao Brasil buscar o famoso fumo "negro". As remessas eram compostas de um terço de fumo baiano e dois terços de fumo mineiro. Entre 1778 e 1781 foram exportadas 6.204 arrobas, e 3 788 em 1792.

Mas houve outras exportações cuja quantidade é desconhecida. A arroba se vendia em Buenos Aires entre 2.400 e 3.000 réis no início, alcançando 6.900 réis em 1792. Esse comércio, exclusivamente brasileiro, passava pelo Rio de Janeiro e era evidentemente feito às escondidas da administração portuguesa.

O Rio de Janeiro, aliás, começava a se firmar como o segundo porto brasileiro para o comércio de fumo, após Salvador, não só para essas exportações ilícitas, mas também para o mercado interno.

A abertura dos portos às nações estrangeiras provocou a rápida decadência do comércio metropolitano. Entre 1808 e 1820, o comércio exterior brasileiro para as nações estrangeiras foi em média anual de 143.677 arrobas, sendo que 63.041 passaram por Lisboa e 80.636 saíram diretamente do Brasil. No decênio seguinte, 1821-1830, o movimento foi de 191.268 arrobas, transitando apenas 17.600 delas por Lisboa. Entretanto, Portugal continuou comprando, para seu próprio consumo e seu comércio com a Espanha, 100.171 arrobas anuais, entre 1808 e 1820, baixando este volume para 67.277 no decênio seguinte, e tornando-se depois bastante irregular, entre 20 mil e 50 mil arrobas.

Os preços no Brasil eram evidentemente vantajosos para os negociantes estrangeiros, pois a arroba de fumo em corda valia na Bahia 1.660, ao invés de 2.026 em Lisboa, e a de fumo em folha 1.265 contra 1.766. Após 1820, os preços subiram respectivamente para 2.160 e 1.320 na Bahia, e 3.000 e 1.675 em Lisboa.

A África passou a ser o primeiro mercado de fumo brasileiro. Após 1790, o comércio para a África se recuperou das dificuldades, pelo envio de fumos de melhor qualidade, e conheceu sua melhor exportação de todo o período colonial, com média anual de 123.094 arrobas no último decênio do século XVIII e 162.134 arrobas entre 1801 e 1807.

Os movimentos abolicionistas internacionais fizeram com que, pelo Tratado de Viena, em 1815, se proibisse o tráfico no Hemisfério Norte, que incluía a Costa da Mina. Continuou, porém, o comércio brasileiro, e até "com intensidade crescente", como assinalou Pierre Verger. As exportações saltaram de 180 mil arrobas anuais para 240 mil e depois 350 mil. Tratava-se de um comércio semi-ilegal, utilizando os negociantes numerosos meios para descaminhar o fumo à Costa.

Outra modificação que ocorreu no Brasil foi a importação do rapé português.

A corte de Portugal, vindo ao Brasil, introduziu a moda do rapé em todas as capitanias brasileiras. Assim, registra-se em 1809 e 1827 uma considerável importação de 863.148 libras de rapé e fumos em pó sortidos, representando um valor de um milhão de réis. O Rio de Janeiro, do mesmo modo que Salvador, consumiu cerca de 17.000 libras anuais.

Após a Independência, esse comércio continuou um pouco, mas declinou rapidamente quando as primeiras indústrias brasileiras, estabelecidas desde 1816, conseguiram abastecer o mercado interno: a fábrica Areia Preta de Frederic Meuron (Bahia, 1816), a Martins (Bahia, 1818), a Caetano José Januário (Rio de Janeiro, 1817), a Pedro José Bernardes (Rio de Janeiro, 1818), etc.

Em Portugal, o Contrato Geral se manteve, mas foi acrescentado ao Contrato da Pólvora, perdendo gradativamente suas características de Contrato do Tabaco para se tomar uma importante empresa comercial, monopolizando vários gêneros.

O reino recebia ainda fumo do Brasil, mas o fumo da Virgínia estava se tornando preponderante, uma vez que as experiências de cultura no reino e nas ilhas não deram bons resultados. Estabeleceram-se novas fábricas para a produção de rapé, mas também, a partir de 1810, de cigarros e charutos.

A administração do fumo não sobreviveu muito tempo após 1808. Pelo Alvará de 23 de agosto do mesmo ano, as Mesas da Inspeção passaram sob a jurisdição da Real Junta do Comércio, Agricultura, Fábrica e Navegação, estabelecida pelo mesmo decreto. Em 1810 se nomearam novos ministros, mas as Mesas não tinham quase nenhuma importância, sendo apenas Mesas de Rendas para os impostos destinados à consolidação da Junta do comércio; foram extintas pela Lei de 5 de novembro de 1827.

Todos os impostos existentes no Brasil foram abolidos, mas outros foram estabelecidos imediatamente.

Eram, contudo, impostos razoáveis, iguais aos que pagavam os outros gêneros de exportação.

Assim, verifica-se, entre 1774 e 1830, o desaparecimento progressivo das estruturas coloniais. Mais do que o crescimento das exportações, o desenvolvimento da cultura e do mercado interno, o fim da "exclusividade" metropolitana, é o desmoronamento da administração portuguesa que marca esse período.

A Junta de Lisboa perdeu sua função de ápice do sistema pela extinção da Junta da Índia e o fortalecimento das Mesas da Inspeção, em 1774 e 1775, sendo seu papel restringido ao de tribunal para o fumo do reino. Mas, assim mesmo, a abolição de uma parte dos direitos na Alfândega, a introdução de fumo estrangeiro (Virgínia), o fim da "exclusividade" e a recrudescência do contrabando tornaram impossível e desnecessária sua atuação.

As Mesas da Inspeção, em particular a da Bahia, tiveram o mesmo destino, sendo incapazes, a partir de 1790, de conter o desrespeito às leis, tanto relativas aos preços como à qualidade. Perderam, então, suas funções de órgão jurídico e fiscalizador: em 1808, apenas serviam à arrecadação de impostos.

Por fim, podemos constatar a que ponto os elevados impostos na Alfândega de Lisboa – e indiretamente a administração – prejudicaram o desenvolvimento do fumo: poucos anos depois de sua abolição, a produção e o comércio do fumo dobraram. Isso permite dizer que sem essa política o fumo brasileiro teria ocupado um lugar muito mais elevado na economia luso-brasileira.

Mas, simultaneamente, foi a mesma política que permitiu o uso do fumo no comércio dos escravos. Sua continuação, muito além da Independência, confirmou-o como um comércio exclusivamente brasileiro, mas que durante o período colonial forneceu grandes riquezas ao Brasil e, por conseguinte, a Portugal.

CONCLUSÃO

O fumo brasileiro foi até hoje considerado como uma atividade secundária da economia colonial, mas seu estudo mostra que, pelo contrário, ele foi um gênero primordial.

As fáceis condições de sua cultura permitiram aos pequenos produtores de gêneros alimentícios aumentar sua renda e constituir uma categoria de produtores médios, cujo crescimento foi essencial para a formação do campesinato brasileiro.

Sua preponderância no comércio de escravos, desde o final do século XVII, levou à formação de uma oligarquia de ricos negociantes baianos, que mais tarde aplicariam seus capitais na principiante indústria brasileira. O mesmo comércio fez com que se devesse ao fumo – indiretamente – todos os elementos da cultura negra na sociedade brasileira: população, religião, cozinha, música, etc.

O fumo também foi um gênero de grande valor econômico. De 1600 a 1807, rendeu 426 milhões de cruzados ao Estado português. Além disso, as exportações brasileiras, no mesmo período, somaram 38 milhões de arrobas, 26% das quais foram absorvidas pelo comércio com a África. Essas exportações forneceram ao Brasil a mão de obra necessária para produzir os gêneros coloniais e trabalhar em diversas atividades. Os escravos trazidos graças ao fumo constituíram, portanto, uma incalculável riqueza, tanto pelo seu valor intrínseco quanto pelo valor dos gêneros produzidos.

Esse grande peso econômico conferiu ao fumo um importante valor político. Foi objeto de luta entre duas tendências, uma privilegiando o poder do Estado e outra dando mais valor à liberdade econômica. A primeira se manifestou pela criação de uma importante administração, pesada e demasiadamente controladora, e uma legislação particularmente restritiva. A segunda teve sua maior expressão no comércio brasileiro na África, que desvinculou a colônia de sua metrópole muito antes da crise do antigo sistema colonial. O fumo foi, assim, simultaneamente uma afirmação do poder lusitano e uma manifestação da crescente nacionalidade brasileira.

INDICAÇÕES PARA LEITURA

As referências ao fumo no período colonial são raras; contudo, existem algumas obras cuja consulta é imprescindível para os que quiserem aprofundar o assunto.

O texto mais importante a respeito da produção é *Cultura e Opulência no Brasil* (1711), de André João Antonil. Existem várias edições, mas é aconselhada a leitura da edição francesa (transcrição original e tradução), com comentário crítico de Andrée Mansuy, Paris, Institut des Hautes Études de L'Amérique Latine, 1968. Também a Companhia Editora Nacional apresenta a obra com uma interessante introdução de Alice P. Canabrava, na coleção Roteiro do Brasil, volume 2, São Paulo, 1967.

A cultura do fumo em folha e mais assuntos são tratados por Joaquim Amorim Castro nas suas memórias reproduzidas e comentadas por José Roberto do Amaral Lapa, em *Economia Colonial*, São Paulo, Perspectiva, Coleção Debates/História, s. d.

Ainda se pode ler a parte intitulada "A grande propriedade rural", no tomo 2 da "Época Colonial", capítulo III, da *História da Civilização Brasileira*. Todavia, as teses exprimidas são diferentes das apresentadas aqui.

O comércio do fumo é brevemente exposto por Roberto C. Simonsen no capítulo dedicado ao "Comércio na era colonial", de sua *História Econômica do Brasil*. São Paulo, Companhia Editora Nacional, 1937. A obra de

José Jobson de A. Arruda, *O Brasil no comércio colonial*. São Paulo, Ática, 1980, completa as informações precedentes, para o final do período colonial.

O comércio do fumo na África foi mais precisamente analisado por Pierre Verger, em *O fumo da Bahia e o tráfico dos escravos do Golfo de Benim*. Salvador, Bahia, Universidade Federal da Bahia, Centro de Estudos Afro-Orientais, 1966; e, sobretudo, em *Flux et Reflux de la traîte des nègres entre le Golfe de Benim et Bahia de Todos os Santos du XVII au XIX siècle*. Paris, Mouton, 1968. Também Luiz Viana Filho, na segunda edição de *O negro na Bahia*, São Paulo, Livraria Martins, Ed./ MEC, 1976, aborda o tema, embora com menos pormenores que Pierre Verger, de quem retoma as teses.

A administração, assim como o comércio e a indústria, são descritos num quadro mais especificamente português no primeiro volume da excelente obra de Raul Esteves dos Santos, *Os tabacos – Sua influência na vida da nação*, Lisboa, Coleção Seara Nova, 1974(2 vols.).

As peculiaridades político-econômicas do fumo poderão ser melhor compreendidas pela leitura de diversas obras de caráter geral sobre o mercantilismo e o sistema colonial.

Recomenda-se de Pierre Deyon, *O mercantilismo*, São Paulo, Perspectiva, 1973; de Francisco José C. Falcon, *Mercantilismo e transição*. São Paulo, Brasiliense, Coleção Tudo é História, 1981, ou do mesmo autor, *A época Pombalina*, São Paulo, Ática. Coleção Ensaio 1983, 1982; de Fernando Novais, *Estrutura e Dinâmica do Antigo Sistema Colonial*, São Paulo, Brasiliense, 1986, ou, ainda, *Portugal e Brasil na Crise do Antigo Sistema Colonial (1777-1808)*. São Paulo, HUCITEC, 1981; de José Roberto do Amaral Lapa, *O Antigo Sistema Colonial*, São Paulo, Brasiliense, 1982.

Sobre o autor

Estudou no Departamento de Estudos Luso-brasileiros da Universidade de Aix-en-Provence (França), cidade vizinha de Marselha, onde nasceu. Depois de licenciado, especializou-se em História do Brasil. Pesquisa desde 1982 a história do fumo brasileiro, tema do mestrado que já defendeu e da tese de doutoramento que está atualmente concluindo, sendo esta dedicada unicamente ao fumo na economia colonial.

Foi bolsista da Fundação Jean-Walter Zellidja (Academia Francesa) e da Fundação Calouste Gulbenkian. Colabora desde 1983 com o *Informativo* da Associação Brasileira da Indústria do Fumo, que publicou em 1985 a monografia intitulada "História do Fumo Brasileiro", premiada pela Associação Brasileira de Editores de Revistas e Jornais de Empresas como melhor publicação técnica do ano.